杏耶《AYA》

NONDE TOHOKU

のんで東北 たべて東北

TABETE TOHOKU

イースト・プレス

こんにちは！
東北出身在住の
イラストレーター
杏《あ》耶《や》と申します
いつもは山形で
絵を描いて暮らしてます
好きなことは
食べること！
パクパク
趣味は
料理！
もぐもぐ
もぐもぐ
なのでネットで
東北のおいしいものや
簡単に作れるレシピ
などを公開してます
そんなある日
本を作って
みませんか？
編
んまっ！
とお声を
かけていただき

ということは！
ピコーン
東北のうまいものを広めるチャンス！
うまいもの地方!!
東北は豊かな土地と清らかな水に恵まれそこで作られる米
その米から作られる高品質のお酒キレとのどごしのよさは女性にオススメ！
名産地だからこそ味わえるフレッシュな果実
その果実で作られたワインや果実酒

そしてお酒だけ
じゃない！
お酒がおいしいところは
ご飯もおいしい！
ズイ！
県民が愛する
東北グルメたち！
地元食材や
地元グルメを
味わうたびに
東北に生まれてきて
よかった～
パアアアーア
と心底思う
食と美酒の国「東北」を
広めたい私は
やります!!
と二つ返事

「おいしいお酒」には「おいしいご飯」
おいしく作れる郷土料理レシピも大公開！
飲んで
食べて
読んで
作る
おいしいものギュッと詰めた一冊になっております
私が独断で選んだ東北の「酒と食」を
どど〜ん
っと紹介！
!!
お腹をすかせて読んでね

のんで東北 たべて東北

NONDE TOHOKU
TABETE TOHOKU

もくじ

はじめに——2

青森県

特別純米酒 田酒——10
吟醸 じょっぱり——12
ひとひら——14
あおもりアップルドラフト——16
黒すぐり酒——18
せんべい汁——20
ホタテの貝焼きみそ——22
グラタンフライ——24
ホッキ丼——26
いがメンチ——28

岩手県

南部美人 純米吟醸——32
あさ開 南部流伝承造り 大吟醸——34
ヴァイツェン——36
ショコラスタウト——38
あさ開 山のきぶどう酒——40
まめぶ汁——42
お茶もち——44
さんまのつみれ汁——46
じゃじゃ麺——48
ハラミ焼き——50

宮城県

浦霞のゆず酒——54
奥州仙台 伊達政宗麦酒——56
一ノ蔵 ひめぜん——58
日高見 芳醇辛口 純米吟醸 弥助——60
乾坤一 特別純米辛口——62
油麩丼——64
おくずかけ——66
牡蠣飯——68
牛タン——70
ずんだもち——72

秋田県

出羽鶴 スターマッコリ──76
特別本醸造 まんさくの花──78
発泡清酒 ラシャンテ──80
純米大吟醸 雪月花──82
両関 梅みつワイン──84
きりたんぽ──86
なた漬け──88
バターもち──90
納豆汁──92
サラダ寒天──94

山形県

出羽桜 純米吟醸つや姫──98
六歌仙 スイカのお酒──100
子宝リキュール 鳥海山麓ヨーグルト──102
スパークリング・デラウェア──104
十四代 本丸──106
青菜漬け──108
山形のだし──110
玉こん──112
どんどん焼き──114
いも煮──116

福島県

ピーチエール──120
自然郷 卵酒──122
大七純米生もと──124
大和川 桃の涙──126
黄人気 旨辛口──128
いかにんじん──130
キャベツもち──132
ソースカツ丼──134
にしんの山椒漬け──136
サンマのぽうぽう焼き──138

あとがき──142

本書に登場する商品は、現在販売されていないものも含まれます。

NONDE
TOHOKU

青森県

TABETE
TOHOKU

【ねぶた祭】

「米どころ」のうまさを凝縮した日本酒
特別純米酒
田酒
特別純米酒
でんしゅ
田酒
【蔵元】
株式会社西田酒造店
【原料米】
華吹雪
フルーツの香りがふんわりと…
果物は入ってないのに不思議～♥
ゴクン…
んんんっ
口に含んだ瞬間米の旨味と甘みが！
THE！お米！って感じ!!

これは絶対
鍋に合う!
ほか♡
ほか♡
オススメは水炊きですね
ポン酢で食べた後に田酒をぐいっと…
ハッ!!
!
よっよだれが……
米の旨味が強いのでさっぱりとした和食にマッチすると思います
熱燗《あつかん》にするとより香りと味を楽しめます
ふわ〜

吟醸
じょっぱり
ギャップ系日本酒⁉
【蔵元】
六花酒造株式会社
【原材料】
米、米麹、醸造アルコール
すっ
すごくぅ
ドンッ
インパクトのあるラベルですねっ
ビックリした…
これは超辛口なのでしょうか？
とくとく
ドキドキします…っ

でも飲んでみないとわからない！
ぐいっ
うん？
んんんっ
ん!?ーっっ？
あ、あれ？
スゴク
飲みやすい
飲み口はキリリと辛いのに甘みが感じられる…
おいちー
そうじゃろ～
ふぅ〜〜〜〜っっ
青森県民に長く愛される味なだけに飽きがこないです
ダルマのラベルもインパクトがありカッコいいのですが
ラブリー
このようにかわいいりんご柄のカップ酒もあったりしますよ

世界一長い桜並木の桜で作られた珍しいお酒
ひとひら
さくらリキュール
ひとひら
【蔵元】
六花酒造株式会社
【原材料】
大山桜エキス、クエン酸、果糖
弘前《ひろさき》市内から嶽《だけ》温泉への県道3号 および周辺に約六千五百本の桜が 植えられており その実のエキスで 作られたのが この「ひとひら」です
赤紫とピンクが混ざったような色がとってもキレイ…
そして桜の香りがほわっと
ゴクン…

瞳を閉じれば桜が満開…いつでも春気分
うふふ…
開花!
ポン
ポン
…
桜の下で飲んでほしい一杯!!
これはぜひロックでお団子と一緒に召しあがってほしい
ほのかな甘さがこれまた桜っぽい
ほゆっとした甘さ♥
アルコール度数も低いのでお酒が苦手な方にもオススメです
そして!
レモン汁
炭酸
Soda
ひとひら
さくらカクテル
カクテルでもおいしく楽しめます
オススメはこちら♥

りんごと麦芽がおりなす絶妙ハーモニー
あおもりアップルドラフト
【醸造元】
バイコードリンクB・S
【原材料】
大麦、麦芽、ホップ、りんご果汁、りんごエキス
Aomori Appl
draft
あおもりアップルドラフト
生仕立
青森といったらやっぱり
りんご!!
これが本当においしいの!!
ですよね!
シュワワワワ
果汁そのまんまの琥珀色の上にふわふわの泡が〜

少し濁っているところも
果汁たっぷりさが
伝わってくる〜
りんごの爽やかな
甘みが口の中に
広がる〜
ボクと ワタシは
仲良しさんで〜す♡
あっ!! でも
甘ったるすぎず
ビールの味もする！
私ビールの
苦みがちょっと…
ユタッ
そんなあなたも
大丈夫!!
りんごの甘みと香りが
その苦みを包んで
旨みに変えているので
とおっても
飲みやすいです
力説っ
そして他にもりんごの
お酒として
オススメしたいのは
こちら!!
シードル！
ひょいっと
りんごの
スパークリングワインです
ぜひアップルドラフトとの
飲み比べをしてみてください
draft
生仕立

黒すぐりパワーで
メイクアップ
黒すぐり酒
森のリキュール 黒すぐり酒
CASSIS
【醸造元】
桃川株式会社
【原材料】
清酒、糖類、クエン酸、カシス果汁
黒すぐり…
ど、どんな果物なんだろ？
え！
カシスなの!?
とぽぽっ
本当だ、カシスの酸味を
含んだ甘い香りがする

最初ワインみたいな色味だなって思ったけどより濃いかも！
それではいただきます
コク… コク…
ん〜ほどよく甘酸っぱくていい
少し苦みもあるけどそこもおいしい
ビバカシス♥♥
ロックでもソーダ割りでも食事の邪魔をしなそうだな〜 酸味と苦みがあるからチーズや生ハムと合うね〜
コッテリしたものをスッキリさせてくれる
そしてカシスにはビタミンやポリフェノールがとっても豊富
おいしくてキレイになれるなんて素敵
北欧と気候が似てる青森でこそおいしくできる黒すぐり酒をぜひ
飲んで女子力UP

せんべい汁

でもせんべいって溶けそうだなぁ…
ドロ～～って
ええーーっ!
せんべい汁専用のせんべいなの!?
へぇー…
昔はそれぞれの家庭でせんべい汁用のせんべいを作っていたようです

今ではお店で専用のせんべいが売られているようですネットでも買えます
せんべい汁
やっぱり特徴はこの汁を吸ったもっちもちのせんべいですよね〜
もっちもっち
はぁ〜鶏出汁しょうゆベースの汁や野菜の旨味がせんべいにしみ込んでおいしい♥
ほかほか
せんべいのおかげでとろみのついた汁で体もあったまる〜

【作り方】

1. ごぼうをよく洗い、ささがきにして水にさらす。にんじんは皮をむき拍子木《ひょうしぎ》切りにして同じく水にさらす。
2. 鍋に出汁と水切りしたごぼうとにんじんを入れて火にかける。●の調味料で味付けして、鶏もも肉、しめじ、薄切りした板こんにゃくを入れて煮る。
3. 具材が煮えたら、斜めに切った長ねぎと、食べやすく割った南部せんべいを入れて1分ほど煮る。

【材料】

4人前

◉具

ごぼう	1本
にんじん	1本
しめじ	1株
板こんにゃく	1/2枚
鶏もも肉	200g
長ねぎ	1本
南部せんべい（せんべい汁用）	お好みの量

◉汁

出汁（昆布）	800cc
●しょうゆ	大さじ2
●酒	大さじ1
●みりん	小さじ1

ホタテの貝焼きみそ

ん〜 みそと磯の香りが
食欲をそそる〜
ぷぁ〜
すごく卵がふわっふわっ！
そしてとろみが最高〜♥
ふわふわ
とろ〜ん

【材料】

1人前	
貝殻つきホタテ	1個
長ねぎ	1/4本
卵	1個
水	大さじ2
みそ	大さじ1

【作り方】

1. 長ねぎを斜め切りにする。ホタテの身は食べやすいサイズに切っておく。
2. 水、みそを混ぜる。
3. ホタテの貝殻に2を入れて、上から長ねぎ、ホタテの身を入れてグリルやトースターで火を通す。煮立ってきたら溶き卵を入れて噴きこぼれないようにまた加熱する。

グラタンフライ

サクッ
衣はさくさくしていておもしろーい！
もちっ
春巻きの皮で巻いてから揚げてるので春巻きのもちっとした食感もあり
中のグラタンがこれまたとろ〜んとしててたまらない…
あっ！
ピコーン

【作り方】

1. マカロニを茹でておく。玉ねぎを薄切りにして鶏肉は一口大に切る。フライパンにバターをひき、玉ねぎと鶏肉を炒め、塩こしょうで味付けをしておく。
2. ホワイトソースとコーンを1に入れ、マカロニも入れる。粗熱をとり常温まで冷ます。
3. 2を春巻きの皮で包み、◉を混ぜた液につける。
4. 180度の油（分量外）に入れて、きつね色になるまで揚げる。

【材料】

2人前（4つ分）

マカロニ	50g
春巻きの皮	4枚
ホワイトソース	100g
玉ねぎ	1/2個
鶏肉	100g
コーン（コーン缶）	適量
バター	大さじ1
塩こしょう	適量
◉衣	
小麦粉	50g
卵	1個
水	大さじ2
塩	適量

ホッキ丼

ホッキ！
おいしいよね～♥
あの赤い身…
ってあれ!?
くっ黒いっ!?!!
ズッ――…
ホッキ貝のイメージが…

身はぷりぷりしてそう…
パク
コリッ
んんっ
くせがない！
そして甘みがある
新鮮さを感じる！
ホッキのあの赤みは火を通すと出るのだとか
生は黒みがかっているのだそうです
さすがは青森
新鮮な海鮮がとれるからできた丼！

【材料】

1人前	
ホッキ貝（刺身用）	3個
ご飯	1杯分

【作り方】

1 ホッキ貝の貝殻の間にフォークを入れて口を開ける。

2 ひもを取り、内臓を取り出す。

3 身を半分に切って、そこからさらに食べやすいサイズに切り、ご飯にのせて完成！

きざみのりや
大葉などの薬味を
プラスしても
おいしいよ

いがメンチ

いがメンチの特徴は
ゲソ
なのですが
なぜゲソを使うかというと
これは津軽地方では
イカは貴重な海産物で
無駄なく使うという
先人たちの知恵から
きているんだって！
家庭にある野菜も
混ぜて作るので
野菜も一緒に摂取できて
お母さんの味方ですね

【材料】

2人前（4つ分）	
いかゲソ	150g
にんじん	1/3個
玉ねぎ	1/2個
青ねぎ	1本
卵	1個
小麦粉	50g
しょうが	1かけ
塩こしょう	適量

【作り方】

1 いかゲソ、にんじん、玉ねぎ、青ねぎをみじん切りにする。

2 小麦粉、卵、すりおろしたしょうがと1を混ぜ合わせる。塩こしょうをして粘りがでるまで混ぜ合わせ、ハンバーグのように丸める。

3 油（分量外）を多めに入れたフライパンで揚げ焼きにする。

NONDE TOHOKU

のんで東北

たべて東北

NONDE TOHOKU

岩手県

TABETE TOHOKU

【盛岡さんさ踊り】

日本酒ビギナーでも
おいしく飲めるのが
こちら
南部美人
純米吟醸
蔵元
株式会社南部美人
原料米
ぎんおとめ、美山錦他
日本酒を飲んでみたいけど
辛そうだし…
そんな方にオススメしたい
のが南部美人です

辛すぎず！
甘すぎない！
まるで岩手に流れる
春の雪解け水から
できたような
清らかな日本酒
純米吟醸
南部美人
純米吟醸
初心者のための
ようなお酒です
飲みやすーいっ
でしょー
刺激が少ないので
食前酒にも食後の一杯
にもできる優れもの

力強い味わいは
岩手酒の横綱！
飲みごたえ十分！
よっ！
あさ開!!
あさ開
南部流伝承造り 大吟醸
【蔵元】
株式会社あさ開
【原料米】
吟ぎんが
んん！
メロンやマンゴーのような香りがする
とぽぽっ
これが芳醇な香りというのね…
ゴクッ
んあっ
濃い！
ビーーン

クリーミーなコクが口の中で広がる
コクうまー!!
ぷはーんっ
まろやかなのどごし
キリッ
後味はキリッとしていて残らないからすぐに二口、三口といけますね〜
お米の甘みがたまらないコクと飲んだ後のスッキリ感がクセになります♥
くぅーーっ
スッキリ
こってりとしたチーズや乳製品の洋風料理、角煮などの濃い味の料理に合いそう
華やかな味わいで料理のお供として華をそえる逸品です
パクッパクッ

ヴァイツェン
いわて蔵ビール
【蔵元】
いわて蔵ビール
世嬉の一酒造株式会社
【原材料】
麦芽、ホップ
ビールの苦みが苦手な人にオススメのビールがこちら
うっすらと白濁してる
見るからにうまみが凝縮してる感じ〜
ふわっふわっ
泡もすごくふわっふわしてる

ビールを飲む時こう口に泡がつくのがなんだかいいよね♥
んっー
んんーー…フルーティー
ぷはーっ!
こんなにフルーティーなビールってはじめてかも
バナナのような香りがほんのりして味わいもまろやか〜
ふわぁ〜
ふわわわぁ〜ん
これはごくごく飲んでしまいそう
そして飲みすぎてしまうパターン……
ヨーロッパでは「貴族のビール」と呼ばれるそうです見た目も味もその名の通りすごく上品
ご一緒にいかが?
グーテンターク♡
ん〜でも親しみやすい貴族って感じ
東北でドイツの味を感じられる一杯でした
とってもlecker《レッカー》な(おいしい)ビールです

白の次は黒！
この黒さはなんと…
ショコラスタウト
Chocolat Stout
いわて蔵ビール
【蔵元】
いわて蔵ビール
世嬉の一酒造株式会社
【原材料】
麦芽、小麦、ホップ、
カカオミート
どんな香りがするのかな…
くんくん…
こっ…これは!!
チョコの香りだ！
チョコ大好き♥
Chocolate♥

ビターー
口に含むと
ほろ苦さと酸味が
マッチしててとっても
大人の味～
深い味わいが
ビターチョコみたい
ピコーン！
ん！これは！
バニラアイスとか
ケーキとかと一緒に
飲みたいかも
ほろ苦とクリーム系のベストコンビ!!
ビールの苦みが
好きな人はハマるね
深いコクを感じる～
ホワイトとブラック
ぜひ飲み比べて
みてください♥

ワイン？違う！
山ぶどうのリキュール！
あさ開
山のきぶどう酒
山のきぶどう酒
【蔵元】
株式会社あさ開
【原材料】
清酒、山ぶどう果汁
（佐幸本店）
鮮やかな赤がすごくキレイ
そそいだ瞬間ぶどうの香り
ふぁ〜ん

でも果実のリキュールって甘ったるいような
ゴクン
ん!
これは程よい酸味と自然な甘みでとても飲みやすい
ぶどうじゃなくて「山ぶどう」のお酒だからなのか酸味が甘みより強め爽快感がある
スッキリ
さわやか♡
砂糖を使ってないということなのでやさしい甘さ
SUGAR
無添加、無糖なのも一押しポイントなのですが
無添加、無糖
ポリフェノール
ポリフェノールもたっぷり含まれるので女性にもオススメのお酒です

まめぶ汁

うわー
いろんな食材が
入ってる！
とろ〜
としてるぅ〜
豆腐や野菜がぎっしり！
汁はとろみがあって
体があったまりそう

【作り方】

1 干ししいたけは水で戻しておく
小麦粉に水を少量ずつ加え練り、
丸めてまめぶの生地を作っていく。

2 生地を薄くのばし、黒砂糖とくるみを
入れ再び丸める。

3 具を食べやすいサイズに切る。

4 昆布だし汁を鍋に入れ具を煮る。
野菜に火が通ってきたら、
2のまめぶを入れる。

5 まめぶが浮き上がってきたら
火が通った合図！　薄口しょうゆを
入れ味をなじませて完成。

【材料】

2人前	
◉具	
にんじん	1/3本
大根	1/5本
ごぼう	1/3本
干ししいたけ	3枚
焼き豆腐	1/4丁
◉まめぶ	
小麦粉	100g
水	50cc
黒砂糖	大さじ1
くるみ	10g（約5粒）
◉汁	
昆布だし汁	600cc
薄口しょうゆ	大さじ3

お茶もち

「うちわもち」とも
呼ばれているのが
このお団子
ほっ
ハッ!
普通のものより平べったい
仕上がり
ドン

【作り方】

1 うるち粉に熱湯を入れ、よく混ぜる。
2 ぬれ布巾をかけ一晩寝かせる。
3 団子状に丸めて竹串に刺し平たくつぶす。
4 蒸し器で10分蒸す。
5 4が蒸し上がるまでの間に、くるみをすり潰し、そこにしょうゆ、みりんを入れて練る。
6 蒸し上がった団子に5を塗り付けて焼く。

【材料】

2人前	
うるち粉	100g
熱湯	150cc
くるみ	10g（5粒程度）
しょうゆ	20g
みりん	大さじ1
竹串	4本

さんまのつみれ汁

三陸沖ではさんまがたくさんとれます
ぴかぴか
とれたてのさんまおいしそー
それを地元のお母さんがすりばちで練り団子状にして汁物にしたのがはじまり
ゴリゴリ
ぐっ
ぐっ

んっ
つみれがふわっふわ!
んっ!噛んだら
すごくジューシー
さんまの旨味が
じゅわあぁっ
!!
具にした
お野菜の旨味も
吸ってておいしい～
はふっはふっ
岩手の辛口の
熱燗と一緒に
体を温めながら
楽しみたいです
純米吟醸
南部美人
クセのない南部美人がオススメ!!

【作り方】

1 さんまを三枚におろし、身を細かく切ってからすり鉢やミキサーにかけ粘りがでるまで潰す。粘りがでたら、みそ、しょうが、片栗粉を加え、またすり潰し、つみれのたねを作る。

2 具を食べやすいサイズに切る。

3 鍋に水を入れて沸騰させたら具を入れて、火が通ってきたら、1をスプーンで丸めながら入れる。

4 つみれに火が通ってきたら、めんつゆとしょうゆを入れ一煮立ちしたら完成。七味唐辛子や粉山椒をお好みで。

【材料】

2人前

●つみれ	
さんま	1尾
みそ	小さじ2
しょうが	小さじ1
片栗粉	大さじ1
●具	
大根	1/5本
にんじん	1/3本
ごぼう	1/3本
長ねぎ	1/2本
●汁	
水	600cc
めんつゆ（二倍濃縮）	50cc
しょうゆ	小さじ1

じゃじゃ麺

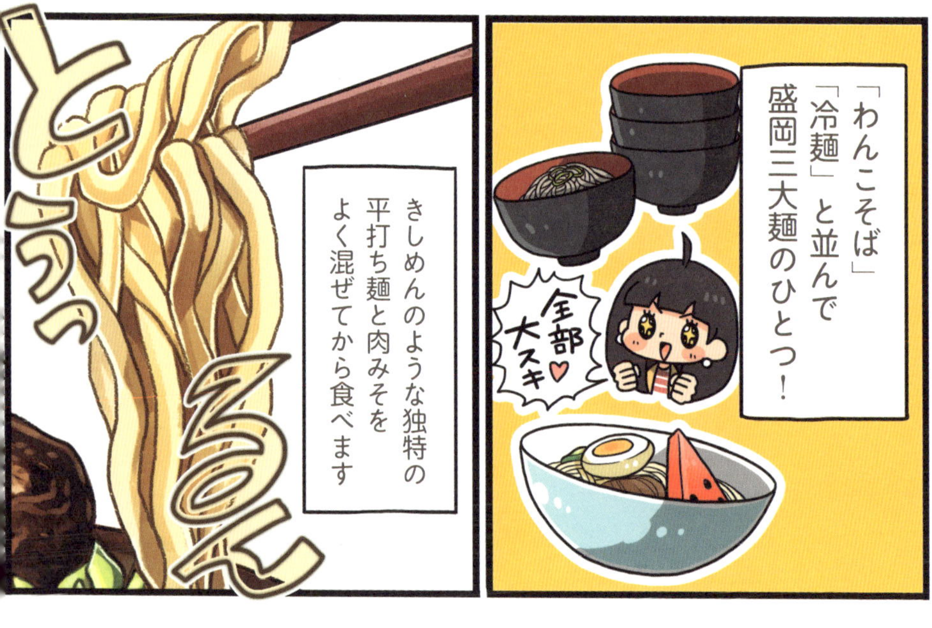
「わんこそば」「冷麺」と並んで盛岡三大麺のひとつ！
全部大スキ♡
きしめんのような独特の平打ち麺と肉みそをよく混ぜてから食べます

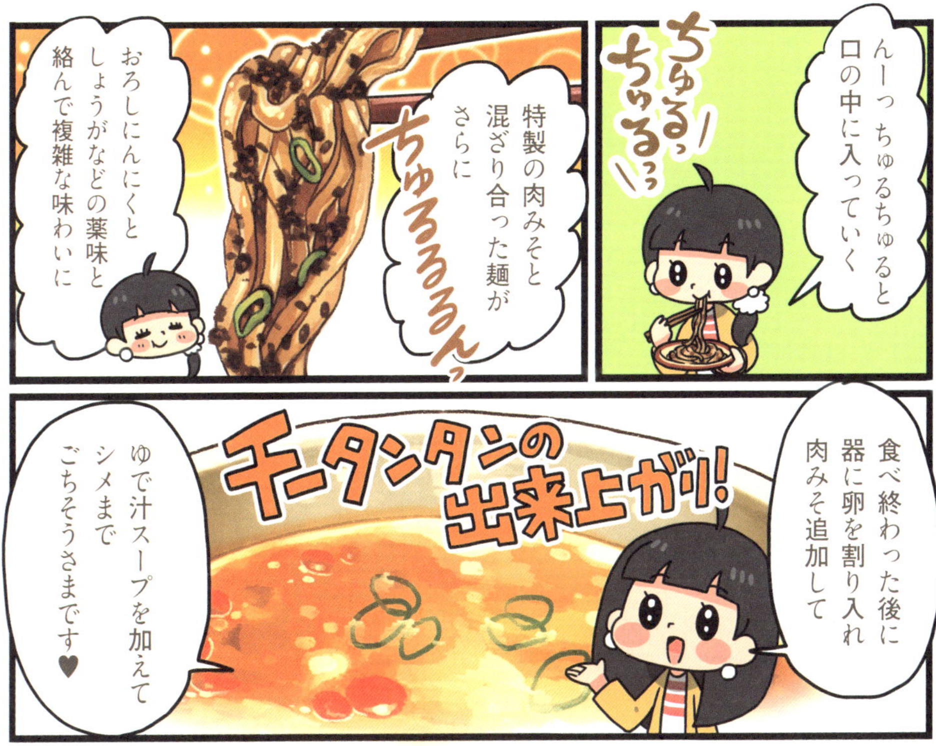

【作り方】

1. 玉ねぎとにんにくとしょうがを、みじん切りにする。
2. 熱したフライパンにごま油を入れ、豚ひき肉を炒める。そこに1を入れ、◉の残りの調味料を入れて炒める。
3. きゅうりと長ねぎを斜め細切りにし、もやしは軽くゆで、水気を切る。
4. うどんをたっぷりのお湯でゆでる。
5. うどんを皿に盛り付けたら3をのせて、次に2の肉みそ、おろししょうがをのせる。
6. 酢をかけ全体を混ぜ合わせて食べる。

【材料】

2人分	
うどん（乾麺）	200g
きゅうり	1/2本
もやし	100g
長ねぎ	10㎝
おろししょうが	20g
酢	適量
◉肉みそ	
豚ひき肉	80g
玉ねぎ	1/3個
にんにく	10g
しょうが	10g
みそ	50g
コチュジャン	10g
砂糖	小さじ1
しょうゆ	小さじ2
酢	大さじ1
黒ごま	大さじ1
ごま油	大さじ2

ハラミ焼き

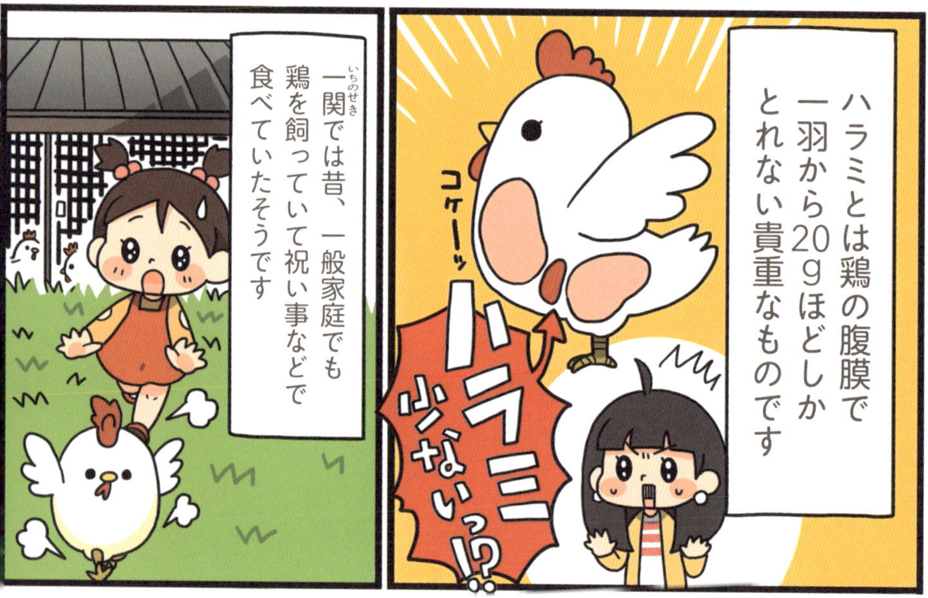
ハラミとは鶏の腹膜で一羽から20gほどしかとれない貴重なものです
コケーッ
ハラミ少ないっ!?
一関《いちのせき》では昔、一般家庭でも鶏を飼っていて祝い事などで食べていたそうです

【作り方】

1 タレ液の材料を全部混ぜ合わせ、ハラミを漬け込む。

2 玉ねぎを輪切りに、にんにくの芽を食べやすいサイズに切る。

3 1を2時間程度漬け込んだら、油（分量外）をひいたフライパンで焼く。

4 焼け目がついたら、2の野菜を入れ、あまった漬けダレも入れて炒める。

【材料】

2人前	
ハラミ	200g
玉ねぎ	1個
にんにくの芽	1/2袋
◉タレ	
酒	大さじ2
みそ	大さじ2
しょうゆ	小さじ2
みりん	大さじ1
砂糖	小さじ1
にんにくすりおろし	小さじ2

NONDE TOHOKU
のんで東北
たべて東北

NONDE
TOHOKU

宮城県

TABETE
TOHOKU

【仙台すずめ踊り】

浦霞のゆず酒

ゆず酒
ゆず酒

【蔵元】
浦霞醸造元株式会社佐浦
【原材料】
清酒、ゆず果汁、糖類

名酒蔵が作る、県産ゆずと日本酒のコラボレーション

宮城県気仙沼市大島産のゆずの果汁を使用して
純米酒「浦霞」をベースに作られているリキュールです

もぎたてのような
さわやかな香り～
ではでは さっそく
ゴックン
んっ～～～
ゆずぅ
フレッシュー♥
はい
ゆずの酸味、苦み、甘みがバランスよく感じられます
甘み
酸味
黄金バランス!!
苦み
ゆずのジューシーな果汁感と日本酒のすっきり感がばっちりです!
果実好きさんにオススメです
ゆず酒
ロックはもちろん炭酸で割ったりアイスにかけてもおいしいです
ゆず酒の楽しみ方多種多様!

奥州仙台
伊達政宗
麦酒

奥州仙台 伊達政宗麦酒

【醸造元】
松島ブリューイングカンパニー
【原料米】
麦芽、ホップ

宮城といったらこの人！
名武将の名前が付いたビール

仙台藩六二万石の礎を築いた
戦国武将「伊達政宗」！
の名前がついたビール
独眼竜
キャー♥
政宗!!

小麦麦芽を50％以上使用しているホワイトビール
きめ細やかな泡が旨味を閉じ込めてるみたい
リュワワァ
ゴク…
うんっ
くせがなくて飲みやすい
食事の邪魔にならない
爽やかさ、牛タンにも合う
牛たん♡
はっ〜〜♥
フルーティーな味と香りはビールが苦手な方にもオススメです
この他にも、キレのあるタイプの「片倉小十郎」
爽快感のあるのどごしの「支倉常長」などの政宗家臣の名前がついた別タイプのビールもあります

一ノ蔵
ひめぜん

【蔵元】
株式会社一ノ蔵
【原料米】
トヨニシキ他

かわいらしい見た目で
お味はどうかな～
ゴク…
あっ…
まーい♥♥
あっ
でも酸味もあり
甘ったるくはないです
甘口白ワインのような感じ
アルコール度数も低いので
いくらでも飲めます
ぽっ…
カクテルが好きな方や
女性にすすめたい…
合わせるなら
チーズ類がおすすめ
他に、甘さをおさえた「きりり」があり
こちらはすっきり感がより強めになって
いるので和食にも合うと思います
ひめぜん
きりり

お寿司や魚介類に合わせるならこちら
日高見 芳醇辛口 純米吟醸 弥助
芳醇辛口純米吟醸
弥助
芳醇辛口純米吟醸
日高見
【蔵元】
株式会社平孝酒造
【原料米】
蔵の華
宮城沖でとれる新鮮な魚介類…
——にぴったりなのがこの日高見です
プリッ
プリッです!!

香りは控えめ…
食事の席にいいですね
ゴクッ
んんんっ
スッキリ!
飲んでから感じる
爽やかな香り!
重みがある味ではなく
キレのあるドライな
飲み口です
のどがキュッとする…
ただ辛口なだけでなく
ほのかな甘みも
後からくる
感じがたまらない…
食べ物の味を邪魔しない
すっきり感は
魚介類の旨味を引き出します
魚介類との
相性ピッタリ♥
魚の旨さを
120%ひき出す
日本酒です
芳醇辛口純米吟醸
淡白で繊細な白身魚にも
合うと思います

乾坤一
特別純米辛口
特別純米辛口
乾《けん》坤《こん》一《いち》
創業正徳二年
【蔵元】
有限会社大沼酒造店
【原材料】
ササニシキ
宮城のお米の旨味を噛みしめられます

粘り気が少なく上品な味わいです
宮城を代表するササニシキを使用
飯米をお酒に使うのは珍しいのだとか
そんなこだわりの逸品です
何杯でもいけそう!!
おいしー♡

コク コク
くぅぅぅ
んふーっっ
鼻から抜ける米の香り
キュ〜ってくる!!
ふわ〜っとぬけていく
そしてこの特有のキレっ
辛口の醍醐味を感じます
味が濃いわけではないけど
お米の旨味十分!
いくら飲んでも飽きない
お米さんありがとーっ
喉を通る時の熱くなる
感じがたまらない…
HOT
日高見は和食・魚介系に
乾坤一はガツンとしたお肉系に
合うと思います
肉の脂を口の中で分解してくれる〜〜
みたいな
口の中の脂っぽさもすっきり
流してくれる感覚です
日高見と乾坤一の
辛口飲み比べもぜひ!
特別純米辛口
創業正徳二年
乾《けん》坤《こん》一《いち》
日高見
純米吟醸

油麩丼

油麩《あぶらふ》とは北部の登米《とあ》地方に古くから伝わる食材です
なんかフランスパンみたい
そして私が一番おすすめするのが油麩丼！

【作り方】

1 卵は溶いておく。長ねぎは斜め切り、麩は厚さ1cmくらいに輪切りにする。

2 めんつゆ、砂糖、みりん、水を混ぜ、フライパンに入れ沸騰させる。

3 長ねぎと油麩を入れて、油麩に煮汁を吸わせる。

4 溶き卵を回し入れて、半熟程度に火を通し具が完成。ごはんにのせ、お好みで紅ショウガなどを添えて。

【材料】

1人前

仙台麩（油麩）	10g
（くるま麩でも代用できます）	
長ねぎ	1/4本
卵	1個
めんつゆ（3倍濃縮）	大さじ2
砂糖	小さじ1
みりん	小さじ1
水	100cc
ごはん	200g

おくずかけ

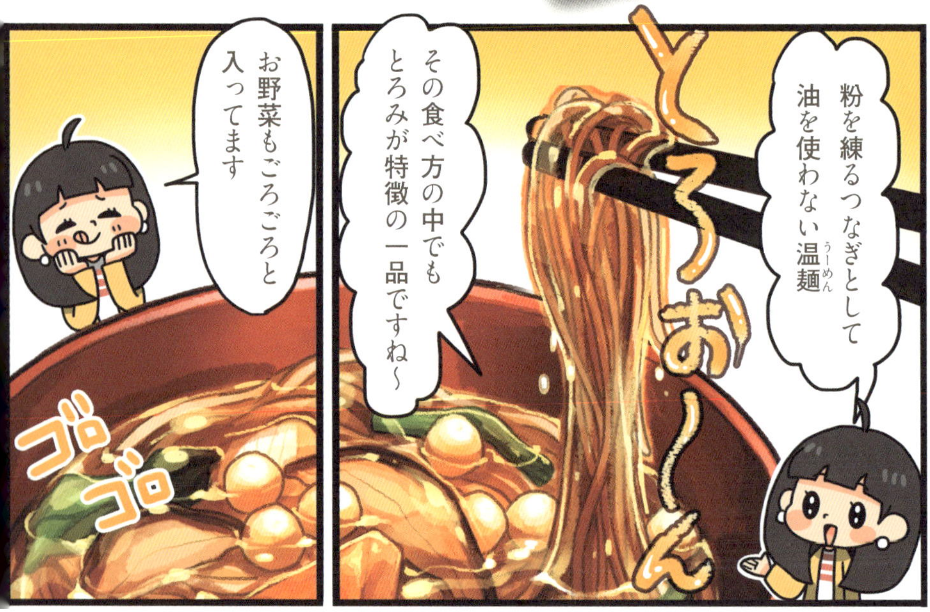

粉を練るつなぎとして油を使わない温麺《うーめん》
とろお〜ん
その食べ方の中でもとろみが特徴の一品ですね〜
お野菜もごろごろと入ってます
ゴロゴロ

ちゅっるるるるん
具がとろみでコーティングされているので
つるん
といただけます
体が疲れている時や野菜が苦手な方でもおいしく食べられます
ズビッ
ゴホッ
「すっぽこ汁」とも呼ばれているようです
「卓袱《しっぽく》」が訛《なま》った言い方、など諸説あります

【作り方】

1 じゃがいも、にんじん、だいこんをイチョウ切りに、ほうれんそうは食べやすいサイズに切り、油揚げはさいの目切りにする。

2 干ししいたけを水で戻す、戻し汁は使うのでとっておく。豆麩も水で戻してしぼっておく。

3 温麺をたっぷりのお湯で硬めにゆでる。

4 鍋にだし汁を入れて、切った野菜と油揚げを入れて煮込む。

5 やわらかくなったらしょうゆとみりんで味付けして、水で溶いた片栗粉でとろみを付け、温麺にかけて食べる。

【材料】

2人前

温麺（なければ素麺）	50g
干ししいたけ	2枚
にんじん	1/4本
じゃがいもまたはさといも	2個
だいこん	100g
ほうれんそう	1/2本
油揚げ	1/2枚
豆麩	適量

だし汁	600cc
しょうゆ	大さじ2
みりん	大さじ1
片栗粉	大さじ2
水	大さじ4

牡蠣飯

仙台牡蠣は小粒ですが
つややかなのが特徴 乳白色で
ぽてっとした形をしています
ぷるんっ
ぽてぇ
パカッ
生食ももちろんよいのですが
炊き込みご飯にすると
よりおいしく食べられます

【作り方】

1 鍋でしょうゆ、酒、みりんを煮立て、牡蠣を煮る。

2 お米をとぎ、水、だしの素、1の煮汁を入れ、炊飯する。

3 炊飯が終わったら牡蠣をのせて10分程度蒸らす。

4 茶碗によそい、万能ねぎ、さらにお好みで三つ葉やきざみ海苔などをのせて完成。

【材料】

2人前	
加熱用牡蠣	200g
しょうゆ	大さじ1
酒	大さじ1
みりん	小さじ1
米	1合
水	200cc
だしの素	小さじ1
万能ねぎ	適量

牛タン

見てください！このボリューム！
ギュ〜〜ッ
タン!!
仙台の牛タン屋さんではこのようなセットで出されることが多いです
テールスープ
おみ漬け、みそなんばん
麦めし
牛たん
とろろ

【作り方】

1 牛タンに※隠し包丁を入れる。
（※盛り付けた時に表側から見えない面に切れ目を入れること）

2 漬け込みダレの材料を全部混ぜ合わせて牛タンと一緒に密閉袋に入れて2時間程度漬け込む。

3 2の牛タンは漬けダレを軽く落とし、フライパンに油（分量外）をひいて両面焼く。

4 レモン汁をお好みで、白ごまをちらして。

【材料】

2人前

牛タン	200g
●漬け込みダレ	
しょうゆ	小さじ2
みそ	大さじ2
みりん	大さじ1
砂糖	大さじ1
はちみつ	小さじ1
しょうがのすりおろし	小さじ1
白ごま	適量
レモン汁	適量

ずんだもち

【作り方】

1. 枝豆をゆで、薄皮をむく。
2. 1に砂糖と塩を加えて
すり鉢、またはミキサーを使い、潰す
（つぶつぶをある程度残すように）。
3. 切りもちの全体に水をつけて、
ラップをして電子レンジの500Wで
1分間加熱する
（やわらかくなるまで30秒ずつ様子を
見ながら）。
4. やわらかくなった切りもちに2の
枝豆ペーストを絡ませて完成。

【材料】

2人前	
枝豆	150g
砂糖	20g
塩	ひとつまみ
切りもち	4つ

NONDE TOHOKU

秋田県

TABETE TOHOKU

【竿燈まつり】

秋田のスター☆酒
出羽鶴
スターマッコリ
輝く
スターマッコリ
お酒
米だけでつくったマッコリ
国産米100%
微発泡性
銀河系風味
【蔵元】
秋田清酒株式会社
【原料米】
めんこいな
ラベルに書かれた「銀河系風味」ってどんな味？
注ぐと泡が立ち上るにごり酒
シュワァワァ

パチパチッと炭酸のリズムが気持ちいい♪
ゴク
銀河
舌を刺激する微炭酸がさわやか〜
シュワワワ
シュワワワ
甘酸っぱくて真夏に味わいたい一杯です
サワーのように飲みやすい焼肉やすき焼きにも合いそう
マッコリって濃いイメージがあったのですがすっきり飲めます
さすがは日本酒メーカーお米と米麹の扱いは素晴らしいです

どんなお料理にも合うオールマイティーな食中酒
特別本醸造
まんさくの花
特別本醸造
【蔵元】
日の丸醸造株式会社
【原料米】
秋田県産酒造好適米
東北の郷土料理は全体的に味付けが濃い物が多いのですが
特に秋田は雪国、保存食の名残りか濃い味が多いです
そんな秋田の郷土料理にぴったりなのが「まんさくの花」

ほのかな果実の香り…
ゴッ
クン
おっ——!!
飲みやす〜いっ
水のようにお酒とはこのことか…
コク…
コク…
一口含むとお酒の甘さがふんわり…
アルコール
アルコールの角っぽさもあまり感じないまる〜い味わい
体の疲れを取るリラックスする後味
フゥー!:
冷酒、冷や、そして熱燗にしてもおいしいです
どんな場面でもどんなお料理にもぴったりの万能酒!

オシャレで新感覚の日本酒
発泡清酒
ラシャンテ
LACHAMTE
【蔵元】
合名会社鈴木酒造店
【原料米】
あきたこまち

なんとこのお酒、「あきたこまち」と「奥州山脈の伏流水《ふくりゅうすい》」だけでできている100％秋田成分のお酒なんです
見た目はオシャレなのに中身は日本酒

ワイングラスに入れたら見た目も白ワイン
香りは日本酒…
ゴク…
キュピーーンッ!
ビバ!
ライスシャンパン
んまー♥
飲み口は軽やかでフルーティー
フゥー…
しかしお米の甘さと日本酒特有の旨味も感じられてとっても不思議な感覚のお酒です
新感覚
日本酒
甘みが強いのでキンキンに冷やして飲むとちょうどよいと思います
飲み口がすっきりしてるのでケーキやスイーツなどと一緒に飲んでもいいかも!
炭酸が抜けやすいので一度開けたら飲み切ってくださいね~

雪どけ水のような透明感を味わえる一品
純米大吟醸 雪月花
両関 純米大吟醸
雪月花
【蔵元】
両関酒造株式会社
【原料米】
秋田酒こまち
美酒王国秋田の中でも女性に特にオススメしたいのが「雪月花」
両関 純米大吟醸
雪月花
花のような果実のような上品な香り
イイ香り〜
コク…

ゴク…
!!
のどが渇いた時に飲む水のように体にスゥーーーッと入ってきます…
しみわたる～
こくこくと飲める透き通った味わい
フレッシュなのどごしは白ワインのようです
日本酒初心者や一度日本酒が苦手だな～と思った方でも好きになる味ですよ
上級者には少し物足りないかも!!
国際酒類競技会（IWSC）最高金賞も受賞した逸品なので日本酒としてのレベルも高いです
おー!?
両関
純米大吟醸
雪月花
IWSC最高金賞
ペカー!!
ん～本当に飲みやすい～

両関
梅みつワイン
梅みつ
ワイン
【蔵元】
両関酒造株式会社
【原材料】
梅、はちみつ
おいしくて美容にもよい梅とはちみつのコラボレーション
梅×はちみつ×ワイン
女性が好きな物が合体したお酒!
梅酒と違い砂糖を一切使っておらずはちみつだけの甘さで仕上がってます

とぽぽぽ
黄金色がキレイ〜
はちみつの甘い香り〜
〜
ん♡
梅酒より飲みやすい！
はちみつが梅の酸味をマイルドにしてる感じ
うふふ〜♡
ワイン的な軽さもあり本当に飲みやすい
夢ごこちだぁ〜
はちみつは滋養作用、梅は整腸作用の健康促進効果があるので体にもいい
キレイになれる
そしてどちらも美容にいい！
要素たっぷり
こんなにおいしくてきせいにもなるなんて
目指せ秋田美人

きりたんぽ

有名な秋田のソウルフード！
知らねえ奴はいねえがあ～
鶏ガラでとった出汁をベースに濃口しょうゆ、酒、砂糖を合わせ
これを
切って煮込む!!
鶏と野菜の旨味がしみ込んだスープにきりたんぽを煮込んで食べる

このスープを吸った
きりたんぽのもちもち感
もちぃ
そしてきりたんぽにも
ベストな食べる時期が
あるのです
11月〜3月ガオススメ!!
クエッ
鶏ももに脂がのっているのが
この時期 ねぎも甘くなって
いるのでバッチリなんです
甘みそをつけ
焼いて食べる
「みそつけたんぽ」
もオススメです!
香ばしい〜
もちもち

【作り方】

1 ごはんをすり鉢で潰す。つぶつぶがあるほうが食感がいいので程々に。

2 塩水（分量外）で手をぬらし、割りばしに1を巻きつけてにぎり、トースターで焼き目が付くまで焼く。

3 ごぼうはささがきにして水にさらし、他の具材も食べやすいサイズに切る。

4 鍋に鶏ガラスープを入れ、鶏もも肉、ごぼう、にんじん、まいたけ、長ねぎ、の順に入れていき、火が通ったらしょうゆを加える。

5 きりたんぽを手でちぎり味をしみ込ませ、最後にせりを加え、ふたをして一煮立ちしたら完成。

【材料】

2人前	
ごはん	1合分
割りばし	4本
鶏もも肉	50g
ごぼう	1/3本
まいたけ	1株
長ねぎ	1/2本
にんじん	1/2本
せり（根付きがベスト）	1/2束
鶏ガラスープ	600ml
しょうゆ	大さじ2

なた漬け

なた漬けというのは大根をなたでざっくり乱切りして漬け込むのでそう呼ばれたそうです
ザックザック
ほっほっ
へぇ〜
最初はざくざくとした表面ですが漬け込むことで丸くなっていきます
切りたて
麹パワー
丸る〜く!!

【作り方】

1 皮をむいた大根を小さく乱切りにする（大ざっぱでOK）。
2 水、塩、砂糖、乾燥麹をよく混ぜる。
3 2を鍋に入れて、沸騰する手前まで加熱する。
4 密閉袋に小口切りした赤唐辛子と1と3を入れる（3は熱いうちに入れる）。4日間漬け込んだら完成。

【材料】

2人前	
大根	1/2本
乾燥麹	50g
塩	大さじ3
砂糖	大さじ2
水	100g
赤唐辛子	1/2本

バターもち

ほおずりしちゃいたいくらいふわふわ～
ぽてぇ
赤ちゃんのほっぺやマシュマロみたいなやわらかさ…
うっすらとクリーム色でなんだかかわいい…
ハムスターみたい…

【作り方】

1 切りもちを両面水にひたして、電子レンジ500Wで3分加熱する（中の様子を見ながら、やわらかくなるまで30秒ずつ）。
※ここでしっかりやわらかくしておく。

2 1が熱いうちに小麦粉と砂糖、塩、無塩バターを入れて練り込む。

3 全体的に練りこんだら、卵黄を加えさらに練り込む。

4 片栗粉をふりかけて生地を伸ばし、食べやすいサイズに切り分けて完成。

【材料】

2人前

切りもち	4個
無塩バター	30g
卵黄	2個
砂糖	50g
小麦粉	10g
塩	ひとつまみ
片栗粉	小さじ2

納豆汁

納豆汁といえば雪国のごちそう！
私も大好き♡
東北地方でよく食べられそれぞれの地域の特徴もあります
今回は秋田の納豆汁をご紹介します

【作り方】

1 納豆をすり鉢で粒の形がなくなるまで、すり潰す。

2 里いも、油揚げをさいの目切りにする。わらびの水煮は1cmに切る。長ねぎは小口切りにする。

3 鍋に水と和風だしの素を入れ、沸騰させたら里いもを入れてやわらかくなるまで煮る。

4 火が通ったら油揚げ、なめこ、わらびの水煮を入れる。

5 みそを加えて味を調える。

6 1の納豆を加えて煮立たせないように混ぜながら加熱し、長ねぎをのせて完成。

【材料】

2人前	
納豆	4パック
里いも	100g
油揚げ	1枚
なめこ	40g
わらびの水煮	40g
長ねぎ	1/3本
みそ	大さじ3
和風だしの素	小さじ1
水	600cc

サラダ寒天

カラフルー！
かっかわいい！
私の中で秋田の人はなんでも固めるイメージがある…
くるみ寒天
黄味寒天
おそるべし寒天文化！

【作り方】

1 卵と、千切りにしたにんじんをゆでておく。

2 寒天を分量外のたっぷりの水にひたして、やわらかくしておく。

3 きゅうりを千切りにして、1の卵とにんじん、そしてマヨネーズ、砂糖、塩を入れ混ぜ合わせる。

4 2の寒天を、鍋に水300ccで煮て溶かす。

5 4に3を入れ、しっかりと混ぜ合わせる。

6 バットに流し込み、粗熱を取り、冷蔵庫で冷やす。

7 しっかり固まれば完成。

【材料】

2人前

棒寒天（粉寒天でも）	5g
卵	2個
にんじん	1/2本
きゅうり	1/2本
マヨネーズ	80g
水	300cc
砂糖	大さじ2
塩	ひとつまみ

NONDE
TOHOKU
のんで東北
たべて東北

NONDE TOHOKU

山形県

TABETE TOHOKU

【花笠まつり】

新ブランド米が光るお酒
つや姫
出羽桜
純米吟醸つや姫
出羽桜
純米吟醸
つや姫
【蔵元】
出羽桜酒造株式会社
【原料米】
つや姫
つや姫とは新品種米の期待の星！山形が日本一おいしいお米を目指して十年かけて作ったのです
注ぐと山形特産のラ・フランスのようなフルーティーな香りが
とぽーぽーぽっ

コク…
んっ
飲み口軽っ！
ひと口含むと
お米の甘みを
ふわっと感じます
ふわっ♡
日本酒特有の
重さはありません
この上質な甘みは
おいしいお米でしか
出せないですし
このキレのいい味わいは
蔵元の腕のよさが
伝わってくるかのよう
冷酒にして飲み
「つや姫」で作った
おにぎりを食べて
二通りの方法で
お米を楽しめます
冷やしてこそ
おいしさが
際立ちますね
もぐもぐ

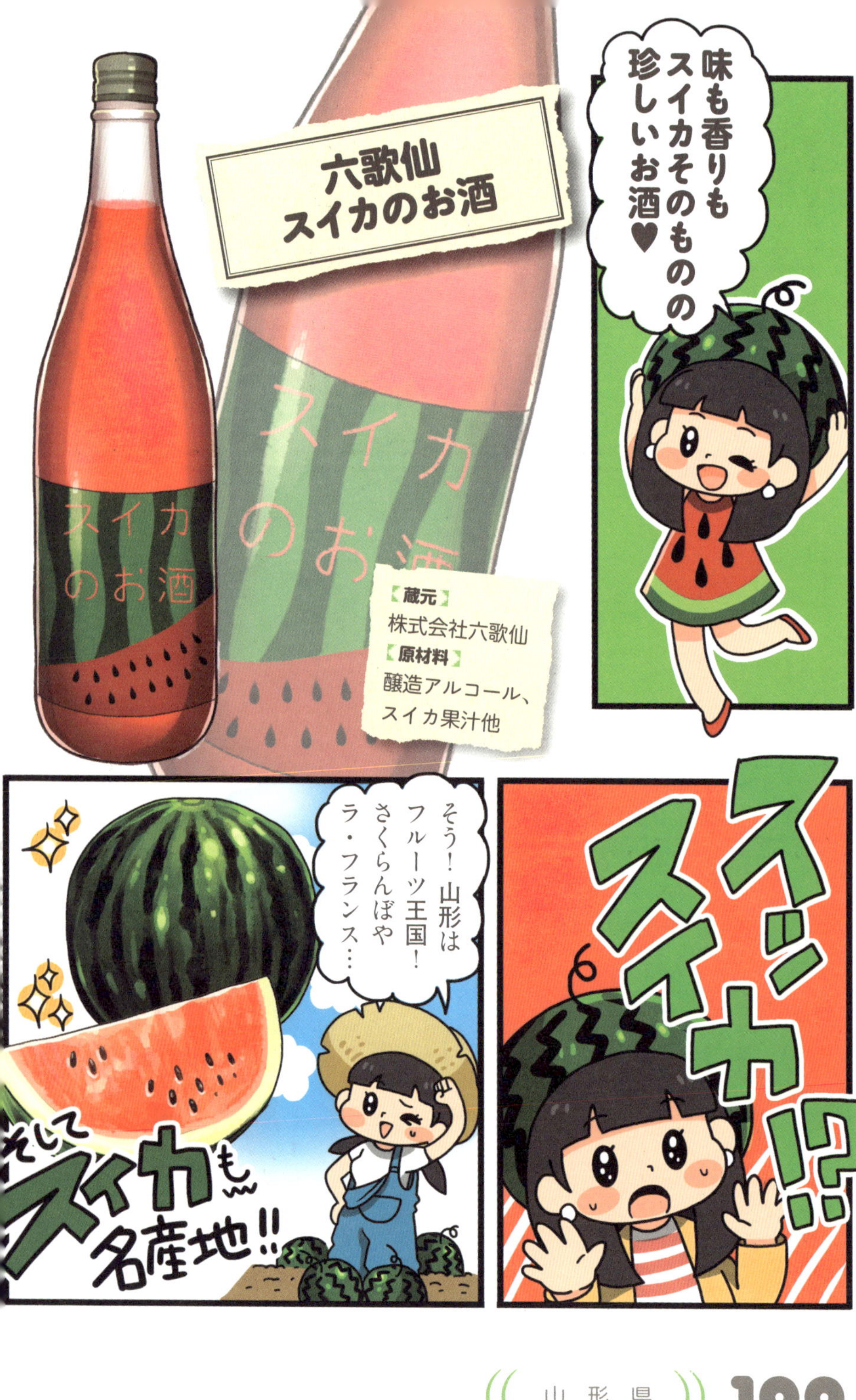
味も香りもスイカそのものの珍しいお酒♥
六歌仙
スイカのお酒
スイカのお酒
スイカのお酒
【蔵元】
株式会社六歌仙
【原材料】
醸造アルコール、
スイカ果汁他
スッ
スイカ!?
そう!山形はフルーツ王国!さくらんぼやラ・フランス…
そしてスイカも〜名産地!!

注いだ瞬間
あふれ出すスイカの
甘い香り～
とぽぽっ
スイカの果汁そのままの
赤で、色だけでもおいしそう
ん～!!
スッキリとした甘さっ
酸味はなく
スイカのさっぱりとした
味が楽しめます
気分は常夏～♥
数量限定のボトルも
かわいいです
コロン…
スイカのお酒
凍らせて
スイカのシャーベットに
するのもおすすめです

濃厚ミルクのヨーグルトがお酒になりました
子宝リキュール
鳥海山麓ヨーグルト
子宝
【蔵元】
楯の川酒造株式会社
【原材料】
ヨーグルト、
醸造アルコール他
日本ではじめて商品化された地ヨーグルトリキュール
このとろとろ感！なかなかないです
とぷっ とぷっ
と ろ～ん

ヨーグルトの酸味ある香りがこれまたいいですな〜
ゴク
んまー！
この飲み応えがたまらない
喉を通っても余韻が残る濃厚さ！
濃厚
トロトロ〜
アルコール入りの飲むヨーグルトというのが一番伝わるかも
アルコール感も強めです
でもそこもヨーグルトがカバーして飲みやすい
アルコール
オススメの飲み方は同じ子宝のシリーズで割ったり
ベリー系の果実を入れてそれこそヨーグルトのように食べるのもおいしいです

山形県産100%使用ワイン
スパークリング・デラウェア
Delaware
Sparkling
【製造元】
有限会社朝日町ワイン
【原材料】
ぶどう
国産コンクール多数受賞の朝日町ワイン
注ぐだけであふれ出す芳醇なぶどうの香り
気泡ひとつひとつに果実が閉じ込められているようです

ゴク…
んん〜〜〜っっ
スパーク
ん〜っ！炭酸と辛口のダブルの刺激がたまりません
ピリッとした中にぶどうの旨味も感じられて
飲んだ後はさっぱりしてます
辛口派のワイン好きさん日本酒好きさんにオススメしたい一杯です
ドーンッ
刺激を求めてるあなた！ぜひ！
お肉料理や揚げ物と一緒に飲むとお口をすっきりさせてくれます
油っぽさが大幅カット♥

甘みと辛味の絶妙な「幻」の味わい
十四代　本丸
本丸
秘伝 玉返し
【蔵元】
高木酒造株式会社
【原料米】
五百万石
幻の日本酒…十四代、最近ではなかなか手に入らない逸品なので取り上げるか迷ったのですが…
んぐぐぐ…
おいしいものは紹介したい病が…
キュポンッ

注ぎ口はなめらか
香りはバニラのような
上品な香り…
とくとく…
ゴク…
うっ……
うみゃあああ
口当たりはクリームのようにお米の甘みを濃く感じられて
まるで透明なライスミルク
十四代の中でも苦み渋みをより抑えたもので
米の旨み120%
日本酒の旨さを一番味わえるものだと思います
飲んだ後の余韻もスイーツを食べたような満足感、日本酒でこんな気持ちになるなんて
さすが幻の酒…
心が満たされた
うえ～ん
飲み終わりたくない…
ってくらい美味しい…

青菜漬け

青菜は高菜の仲間で
青菜自体が独特の辛みを
もっています
漬けたては青っぽいですが
漬け込むと野沢菜や高菜の
ような色合いになります
シャキッ!!
しんなり〜

【作り方】

1 水に塩を溶かし塩水を作りボウルに入れ、水洗いした青菜をひたし、その上から塩をふりかける。

2 重しをのせて5日ほど漬け置く。

3 塩漬けした青菜を洗い、しっかり絞り水気をふき取る。

4 漬け液の材料を全部混ぜ合わせ、3にかける。

5 重しをのせて1か月漬け置く。（浅漬けはお好みの期間で）

【材料】

2人前	
青菜	1/3本
塩水（塩50g＋水100cc）	
塩	30g
●漬け液	
しょうゆ	100cc
ザラメ	80cc
みりん	大さじ1
酒	大さじ3
唐辛子	1/2本

山形のだし

SANSAN
Summer
盆地の山形県民の強い味方！夏バテでも食べられる！
あ〜づいのよ
麺類との相性もgood！
粗くみじん切りにした野菜をしょうゆで味付けしてごはんや冷や奴にかけて食べます

オクラや納豆こんぶ、めかぶなど入れてトロトロ〜にするとおいしさアップ
口に入れるととろみがあるのに野菜はシャキシャキ！
パクパク
箸が止まらないっ
シンプルな味付けなので日本酒なら甘口でも辛口でもなんでも合います
そして二日酔いにもいいよ!!
コンッ

【作り方】

1. なすは水にさらし灰汁《あく》を抜き、オクラはゆでておく。
2. 他の具材をみじん切りにする。
3. すべての材料を保存容器に入れて混ぜ、半日〜1日漬け置き完成。

【材料】

2人前	
長ねぎ	1/3本
きゅうり	1/2本
なす	1/2本
みょうが	1本
オクラ	3本
大葉	5枚
納豆昆布	大さじ1
（ない場合はとろろ昆布でも可）	
めんつゆ	大さじ2

ごはん以外にも
冷しゃぶにだしをかけて
夏にぴったりの1品に

玉こん

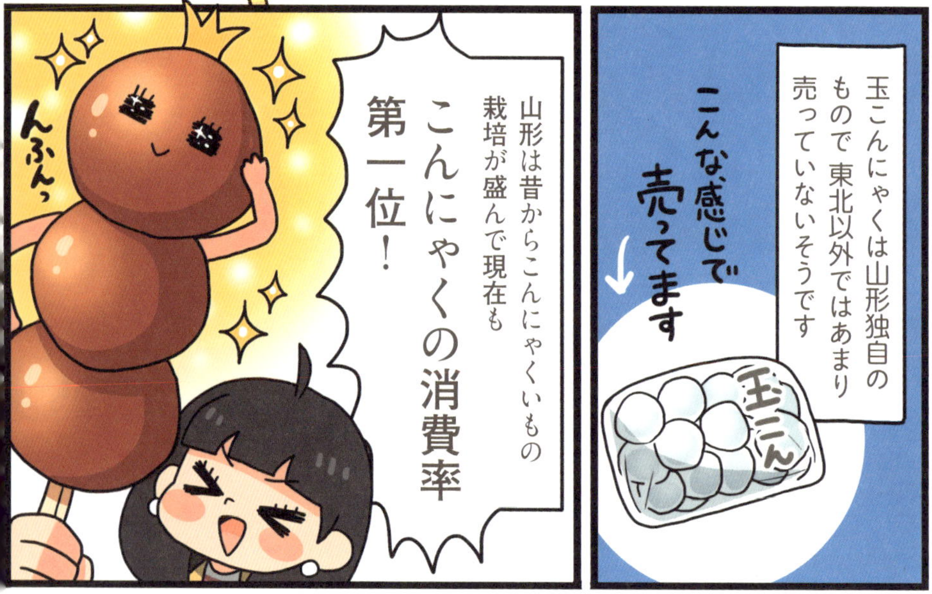
玉こんにゃくは山形独自のもので 東北以外ではあまり売っていないそうです
こんな感じで売ってます
玉こん
山形は昔からこんにゃくいもの栽培が盛んで現在も
こんにゃくの消費率第一位!
んふんっ

【作り方】

1 鍋に沸騰したお湯で玉こんを1分湯がく。

2 お湯を捨て、そこにしょうゆ、水、砂糖と割いたあたりめを入れる。

3 中火で30分程度煮詰める。味がしみてきたら火を止めて、冷ましてよりしみ込ませる。

4 食べる時にまた温め、からしをつけて完成。

【材料】

2人前	
玉こん	300g
あたりめ	1袋
しょうゆ	100cc
水	100cc
砂糖	大さじ2
からし	適量

どんどん焼き

どんどん焼きはよくお祭りやイベントで売られている
どんどんやき
今では専門店もあります
ポイントは串に刺さっていることとこのボリューム！
どん
どん

【作り方】

1 紅しょうがをみじん切りにする。山いもはすりおろしておく。

2 魚肉ソーセージを輪切りにする。

3 小麦粉、水、卵、すった山いもを混ぜる。

4 油をひいたフライパンに魚肉ソーセージ、のり、紅しょうがをおく。その上から3の液を流して焼く。

5 割りばしに、フライ返しで4をくるくると巻き付けていく。

6 ソース、マヨネーズ（分量外）で味つけして完成。

【材料】

2本分

小麦粉	100g
水	150cc
卵	1個
山いも	50g
魚肉ソーセージ	1/2本
青のり	適量
焼きのり	2枚
紅しょうが	適量

いも煮

一口にいも煮といっても実は県内でも二種類あるんです
そして宮城にもいも煮文化が
味噌+豚肉
醤油+牛肉
どっちもおいしいよ

【作り方】

1 里いもは皮をむき、水にさらす。こんにゃくは手でちぎり水洗いする。

2 長ねぎ、牛肉、しめじは食べやすいサイズに切る。

3 鍋に水と里いもを入れて沸騰させ、灰汁が出たら取る。

4 里いもが煮えたら牛肉、しめじ、こんにゃくを入れて、また灰汁が出たら取る。

5 しょうゆと砂糖、酒を入れて味を調整する。長ねぎを入れて一煮立ちさせれば完成。

【材料】

2人分

里いも	250g
こんにゃく	1/2枚
牛肉	150g
しめじ	1パック
長ねぎ	1/2本
水	600cc
酒	大さじ3
しょうゆ	80cc
砂糖	大さじ2

NONDE
TOHOKU
東北
たべて
東北

NONDE TOHOKU

福島県

TABETE TOHOKU

【わらじまつり】

ピーチエール
桃太郎が持参すれば
よかった？
桃のビール！
カンパーイ
ほんのり
桃の香り
Peach Ale
【醸造元】
有限会社福島路ビール
【原材料】
麦芽、ホップ、桃果汁他
福島県の特産でもある
「桃」を使用した発泡酒
パンパカ
パーン
にごりある
オレンジイエローの泡は
キメが細かくふわふわしてます
トポポポ

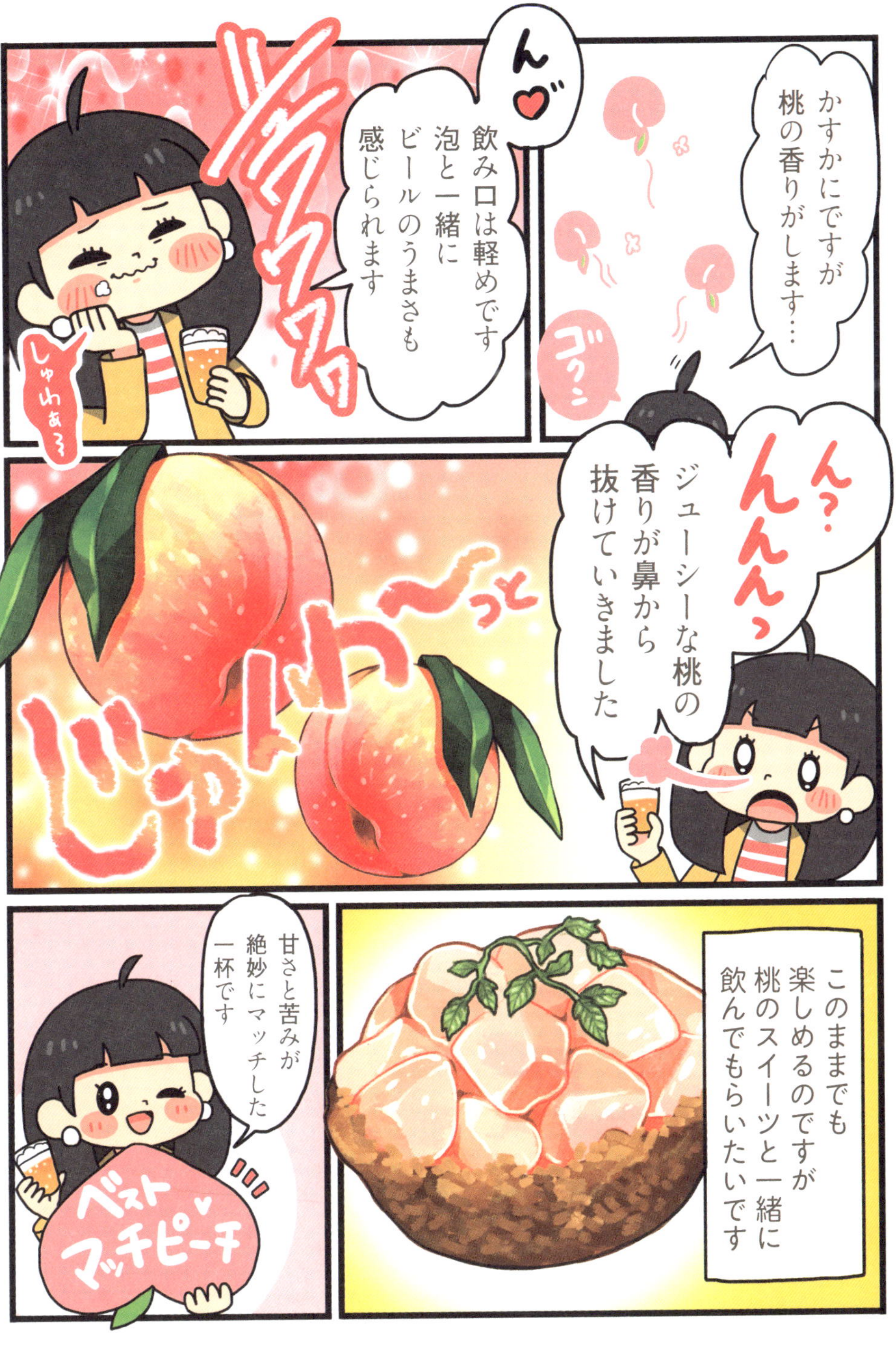
かすかにですが桃の香りがします…
ゴクッ
んゞ♥
飲み口は軽めです泡と一緒にビールのうまさも感じられます
ゾワワワ
しゅわぁ〜
ん？んんんっ
ジューシーな桃の香りが鼻から抜けていきました
じゅわ〜っと
このままでも楽しめるのですが桃のスイーツと一緒に飲んでもらいたいです
甘さと苦みが絶妙にマッチした一杯です
ベスト♥マッチピーチ

自然郷　卵酒
EGG NOG
卵《たまご》酒
自然郷
【醸造元】
合名会社大木代吉本店
【原材料】
中双糖、バニラビーンズ、卵、酒など
とろうま♥これはもう飲む極上スイーツ
ううーん
卵酒って風邪の時に飲むイメージがありますよね…
ペカー!
しかしこちらが蔵元が本気で作った卵酒でございます!
コケー!!

純米酒をベースに地元の自然卵とマダガスカル産のバニラビーンズを使用
とろ〜…
まるで高級プリンの濃厚な甘い香りが
ふわわ〜んっと
ゴク…
はふ〜
カスタードみたいな濃厚な味わい…でもしっかりお酒の味もします
口の中でふわふわとろろ〜んととろけていきます
とろ〜んん
これはアルコール入りの高級スイーツです！
ビビッ
アイスクリームにかけてみたり牛乳で割って飲んでみてください
オススメ♡

大七
純米生酛
大七
純米
生酛《きもと》

大七純米生もと

【蔵元】
大七酒造株式会社
【原料米】
五百万石他

するする飲める辛口
鍋やお肉にぴったり

この「生もと」というのは
発酵に乳酸などを使わないで
時間をかけて作る手法です
手間をかけ味を追求した逸品が
お手頃価格で飲めるのは
すごいことなんです

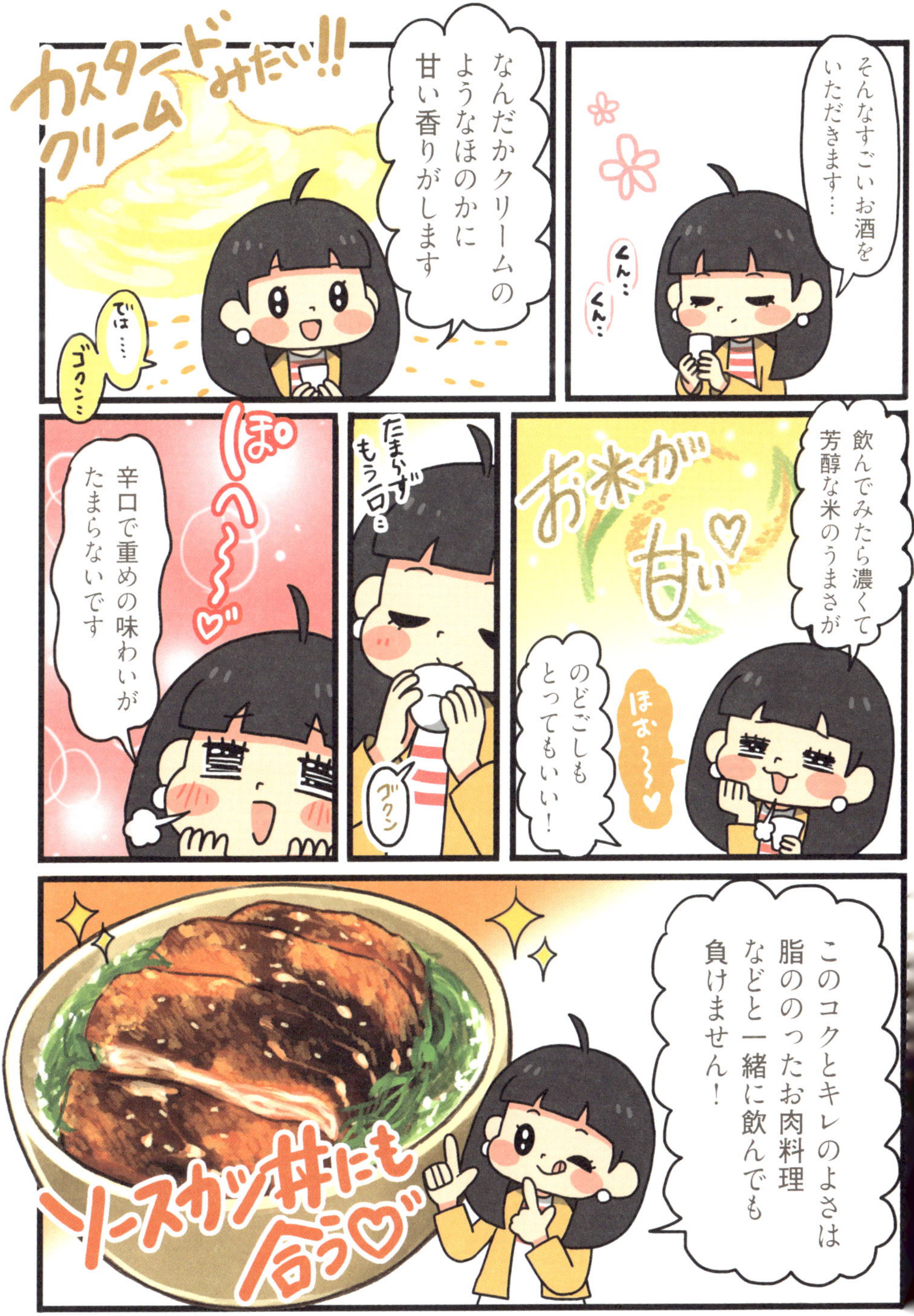
そんなすごいお酒をいただきます…
くん…
くん…
なんだかクリームのようなほのかに甘い香りがします
カスタードクリームみたい!!
では……
ゴクン…
飲んでみたら濃くて芳醇な米のうまさが
お米が甘い♡
のどごしもとってもいい!
ほぉ〜♡
たまらずもう一口…
ゴクン
ほへ〜〜♡
辛口で重めの味わいがたまらないです
このコクとキレのよさは脂ののったお肉料理などと一緒に飲んでも負けません!
ソースカツ丼にも合う♡

とろとろ～な桃の果汁が100%楽しめるお酒
大和川　桃の涙
桃の涙
【蔵元】
合資会社大和川酒造店
【原材料】
清酒、桃果汁、オリゴ糖
特産の桃と地酒のコラボ！
２０１１年の震災を機に作られ
色んな思いがつまったお酒です
桃がギュ～ッ
っと凝縮されたような
色合い！

注ぐとやさしい香りが
とろ〜〜〜ん
とろとろ〜っとした熟れた桃のジュースみたいです
飲む前から桃の味が口に広がるようです
ゴクッ
!?
ジュースみたいだなと思って口に入れてみて
ビックリ!
しっかり日本酒のおいしいさも味わえます!後味は生の桃を食べた後のような
さっぱり感
お酒が苦手な方にも大好きな方にもそれぞれ別の発見があると思います!
他にもレモン水などで割ってみたりカクテルのようにいただくのもおすすめです
キラーン

黄人気　旨辛口
NINKI-ICHI
人気一　旨辛口
【蔵元】
人気酒造株式会社
【原料米】
チヨニシキ、五百万石
オシャレな見た目でプレゼントや手みやげにもおすすめ
「インテリアになる日本酒」がコンセプトなだけに見た目も素敵ですね
スタイリッシュ!
香りは控えめですが注ぎ口はなめらかで軽めです
とくん…
とくん…

コク‥
・・・・
ほわっ
飲んだ時に
ぐぐぐ
っとくる強すぎないコク
口の中でフワッと広がる旨味一口ごとに幸せ成分が体に入ってくる感じ
幸せ
じんわぁあん♥
旨辛口というだけあるな〜
う〜ん♥ くる〜♥
冷やでも燗でも飲み方を選ばない旨さ！
旨み&コクUP!
Hot
スッキリ感UP!
Cool

いかにんじん

【作り方】

1 漬けダレを混ぜ合わせて鍋に入れ、火にかけ、沸騰直前に火を止める。

2 にんじんとするめを細切りにする。

3 1と2を混ぜ合わせて、1晩〜3日程度漬け込む。
※毎日かき混ぜて味を均等になじませる。

【材料】

2人前	
するめ	1枚
にんじん	1本
◉漬けダレ	
酒	大さじ1
しょうゆ	大さじ2
みりん	大さじ1
砂糖	大さじ1

キャベツもち

キャベツもち!?
意外な組み合わせ…
キャベツにとろけたもちがからみ合ってる
とろ〜ん
あ、でもおいしそう…
コロッ

もぐっ
シャキッ
もちっ
シャキッ
もちっ
いいゆで加減のキャベツのシャキシャキ感とおもちのもちもち感がたまらない!しょうゆベースの味付けもよく絡んでる〜
味がまる〜いのでアクセントに七味やゆずコショウなどをかけるとお酒のおつまみにもなると思います
ぐっ!
豚肉なんかも入れて
ガッツんっ
と食べるにもいいかも!

【作り方】

1 洗ったキャベツをザクザクと切る。
2 フライパンにキャベツをしき、上からごま油を回しかける。
3 切りもちをキャベツの上に並べ熱っする。
4 切りもちがやわらかくなってきたら、うま味調味料、砂糖、しょうゆをかけて、キャベツと切りもちをからめる。

【材料】

2人前	
切りもち	4個
キャベツ	1/4玉
ごま油	小さじ1
うま味調味料	小さじ1
砂糖	小さじ1
しょうゆ	大さじ1

かつおぶしをかけて味に深みをもたせてもいいかも
かつおぶし

ソースカツ丼

パンパカパーン
大正時代に生まれた
会津の庶民の味
この見た目からも
わかるサクサク感
ガマンできない！
さっそくいただきます！
パクッ!!
サクッ
パァーッ
想像以上の
うまさ…

カラッと揚げた
カツに甘めのソースが
絶妙に合います
カラッ
福島のソースカツは
結構甘めなんですが
それがやわらかいお肉に
すっごく合う…
そしてっ
幸せー!
ざくざくキャベツに
絡むソースもこれまた
白米がすすむ!
大正時代から庶民に
ずっと愛されてきたのも
納得の味です
豚さんありがとう〜

【作り方】

1 豚ヒレ肉を食べやすいサイズに切り、フォークでぶすぶすと刺す。

2 油を170度に熱しておく。

3 1の豚ヒレに小麦粉→溶いた卵→パン粉の順にまぶし、油で揚げる。

4 ◉の調味料を全部混ぜ合わせタレを作っておく。

5 揚がった3を4のタレにからめる。

6 ごはんの上に刻みキャベツ、5をのせて完成。

【材料】

2人前

豚ヒレ肉	200g
小麦粉	50g
卵	1個
パン粉	100g
油	200g
◉タレ	
中濃ソース	大さじ2
ケチャップ	大さじ1
しょうゆ	大さじ1
砂糖	大さじ2
コショウ	適量
ごはん	茶碗2杯
刻みキャベツ	100g

にしんの
山椒漬け

山に囲まれた会津では昔は
北海道で乾物にされた身欠《みがき》にしんが
運ばれ貴重なたんぱく源とされ
山椒がめぶく春に漬け込んで
より保存性を高めました
ふむふむ
山椒でにしんの生臭さを消す役目もあるので先人たちの知恵はすごいですね～

【作り方】

1 身欠にしんを米のとぎ汁に一晩漬け込む。

2 山椒の葉は水洗いして、しっかり水気をふき取る。

3 しょうゆ、酒、酢、みりん、砂糖を混ぜ合わせて、鍋で一煮立ちさせる。

4 身欠にしんを3cm程度に切り、保存容器ににしん、山椒の葉の順で交互に重ね入れ、最後に3をかける。

5 重しをのせて冷蔵庫で保存して、5日置いたら完成。

【材料】

2人前

身欠にしん	4匹
山椒の葉	10g
しょうゆ	大さじ3
酒	大さじ2
酢	大さじ1
みりん	大さじ2
砂糖	小さじ1

米のとぎ汁
（にしんが浸かるくらい）

サンマのぼうぼう焼き

ぼうぼうって変わった名前ですよね
脂の多いサンマで作り炭火で焼いたので「火がぼうぼう」となったことから名前がついたそうです

ン～ふわふわの食感！
ふわ～ん

【作り方】

1 サンマは頭と内臓を取り、三枚におろし、皮をむく。

2 1をキッチンペーパーで水気をとり、まずは細切りにして、次に細かくたたく。

3 大葉と長ねぎはみじん切りにし、すりおろしたしょうが、みそ、みりんと2に入れ、混ぜ合わせるようにたたく。

4 ハンバーグ状にして、油をひいたフライパンで両面焼き目が付くまで焼く。

【材料】

2人前	
サンマ（脂がのっているもの）	2匹
長ねぎ	1/2本
みそ	大さじ1
みりん	小さじ1
しょうが	15g
大葉	5枚
油	大さじ1

NONDE
TOHOKU
東北
たべて
東北

パクパク
もぐもぐ
もぐもぐ

あとがき

生まれも育ちも東北山形の私は、学生時代、自分の住んでいる場所は「田舎」で「つまらない」と思っていました。
ゲームセンターもない、東京で話題になっている美味しい食べ物もない、オシャレな人もいない、面白い人もいない……。

けれど大人になって、東京や他の地方に足を運んで、仕事関係で色んな人と接する機会ができて、そんなことはないと気づきました。

あの頃はわからなかったけれど、楽しかったと思い出すのは、ゲームセンターより友達と公園で遊んだりしゃべったりする場面。東京で話題になっている美味しい食べ物と同じくらい、いやそれ以上に、その土地で育った野菜が、命が、ご飯が美味しい。
オシャレな人もたくさんいます。そのオシャレを作っているアクセサリー作家さんも、服装デザイナーさんもたくさんいます。
面白い人もたくさんいます。いないと思っていたのは見えていなかったのだと気づきました。
そして、気づいたら東北が大好きになりました。

好きになってから、もっと色々知りたいと思って、東北各県を回ってみました。

東北には、色んな楽しい場所や、歴史や文化を伝えようとしている人がたくさんいます。

東北を巡り、自分は東北の「食」が特に好きだと感じました。

清らかな水と豊かな土地で育まれた食材。そして、何よりそれを作る人の熱い想い、

その食材で料理をする料理人の想い、郷土料理を作り続けて味を受け継ぐ人の想い、作り手の想い、売り手の想い……。

それらが一口で分かるものがたくさんあって、食べる度に東北を好きな人の気持ちを体に入れる事がすごく嬉しい、楽しいと思いました。

「ただ美味しいもの」はたくさんあるけれど、東北には美味しくて心を温めるものが多いと思いました。

心を温めるのは、色んな人の想い。

その想いを、私も誰かに伝えたいと思って、今回少しですが東北のお酒と郷土料理を紹介するコミックエッセイを描かせていただきました。

東北はすごく素敵で楽しいです。

ぜひ、たくさんの方に足を運んでいただきたいと思っています。

この本を作るにあたり、声をかけてくださった石井さん、いつも支えてくれる母、愛兎のゴマメ、友達！　本当にありがとうございました。

杏耶

のんで東北 たべて東北

NONDE TOHOKU TABETE TOHOKU

コミックエッセイの森

2016年9月28日 第1刷発行

著者——杏耶
装丁——小沼宏之
本文DTP——松井和彌
編集担当——石井麗
発行人——堅田浩二
発行所——株式会社イースト・プレス
〒101-0051 東京都千代田区
神田神保町2-4-7久月神田ビル
TEL 03-5213-4700
FAX 03-5213-4701
URL http://www.eastpress.co.jp/
印刷——中央精版印刷株式会社

ISBN978-4-7816-1474-8 C0095

杏耶●あや

山形在住の食いしん坊イラストレーター。著書に『あやぶた食堂～簡単すぎる「うんめぇモノ」だけ84レシピ』（宝島社）、『ド丼パ！』（一迅社）がある。

【ツイッター】
@ayatanponpon
【ホームページ】
http://ayabubububububu.jimdo.com/